W0391590

Lampi Editoriali

Prima edizione: maggio 2012

via Imperia, 15 – 00161 Roma

ISBN 9788826706054

Edizioni Associate

www.edizioniassociate.it

Finito di stampare nel mese di giugno 2012
da Spedalgrafstampa
per conto di Atuttovolume srl

Timothy Jobs

Studi sulla legge di attrazione...
... verso la mia camera

Come “*acchiappare* le girls”

(vietata la lettura ai genitori)

& Edizioni Associate

Mi presento…

Mi chiamo Timothy Jobs, per gli amici *Tim*, per le ragazze *Rush* (assalto), per i professori *File* (a causa della mia mania di archiviare tutte le lezioni, allo scopo di metterli in difficoltà quando inciampano), per gli hackers *Fog* (nebbia, poiché entro nella rete in modo impalpabile). Mamma e papà mi chiamano *Sweetie* (dolcezza, perché sono dolce e bravo come hanno sempre desiderato). Ricordate, i migliori alleati inconsapevoli sono sempre i genitori, ma le strategie del "farli contenti e fare come ti pare" faranno parte di un prossimo *flash.* Vivo a Boston e frequento un importante Istituto di Tecnologia, indirizzo Scienze Cognitive applicate all'informatica. Sono considerato un *top* in materia e un amato e imitato *attirafemmine* del campus… e oltre i suoi confini.Questo *manuale di tattica* è dedicato a chi si sente un *imbranato cronico*, *derelitto* e *sfigato globale,* come mi sentivo io cinque anni fa. Per fortuna, grazie all'evoluzione strategica e alle mie ricerche metodiche, sarà facile trasformarsi in *Teenager Star!*

Se anche le *girls* leggeranno questo manuale, meglio! La conquista sarà più divertente!

Il disgelo…

Sarà stato un caso, ma era proprio il ventuno di marzo, quando la calotta polare del mio cervello iniziò a scongelarsi. Grazie a una congiuntura astrale, in quel momento mi trovavo in biblioteca a leggere l'inizio di un testo sulle scienze quantistiche, quando Jennifer McGuire, detta *Panna*, si sedette proprio di fronte a me, piazzando sulla traiettoria del fuoco incrociato dei miei occhiali il ben visibile motivo del suo nomignolo, pronto a esplodere dentro una camicetta troppo stretta. Ho sempre saputo che a quindici anni le femmine smettono di crescere in altezza, ma non avevo considerato alcune loro *porzioni*.

A quell'epoca ero un quindicenne considerato già un genio della matematica, ma allo stesso tempo anche il più *imbranato* della scuola e forse del pianeta sull'argomento *girls* e mi sarei tuffato a pesce sopra quei galleggianti, se solo ne avessi avuto il coraggio. Rimasi *imbambolato* e seduto, con la faccia incollata al libro e il cervello disciolto in un oceano pronto per un futuro devastante prossimo tsunami.

Naturalmente, *Panna* manco si era accorta della mia esistenza e spippolava messaggini sul cellulare a un *armadio* della squadra di football, tre tavoli più in là, soprannominato *Roccia* dalle femmine e *Risucchio* dai maschi, con l'ovvio motivo dell'attrazione nel suo vortice di tutte le pollastrelle, per renderle indietro dopo un po', *usate* e *riciucciate.* Da badare bene, il biondo stava seduto accanto alla sua ragazza del momento, Liz, proprio la più carina del mio corso, la quale con tale unione aveva mandato in fumo i sogni di conquista di molti, ora parcheggiati in attesa della sua entrata fra i ranghi delle *dismesse,* che avrebbe fruttato un *riciclaggio* e *riuso* da parte di qualche fortunato. La filosofia mentale dell'*imbranato* suggerisce che non potendo, per ragioni di forza maggiore, essere i primi, sia meglio arrivare secondi che non superare affatto il traguardo!

Mai come in quel momento mi ero chiesto perché certi individui potevano permettersi una tale abbondanza, mentre altri, come me, erano colti dalla carestia più totale, ma mettendo a confronto i suoi novanta chili di muscoli contro la mia sagoma pelle e ossa la risposta era evidente a ogni occhio umano. Non potevo neppure sostenere che gli occhialini mi conferissero un fascino genere "Harry Potter", perché nessuno mi aveva mai invitato alla scuola dei maghi per trasformarmi in un *ficaccio* della malora.

Come sarei potuto apparire attraente senza possedere dei muscoli scolpiti dagli aminoacidi, il sorriso spaziale e gli zigomi da robot?

Proprio allora, la mia abilità matematica mi venne in aiuto e i disegni sul libro ispirarono il *Piano*.

Agli esordi della fisica, quel bravo ragazzo di Newton, quando vide una mela cadere dall'albero, pensò che la forza di gravità potesse estendersi oltre a quanto si pensava e che dovesse esistere una connessione tra il criterio in cui gli oggetti cadono e il movimento della Luna attorno alla Terra. Per cui, doveva *per forza* esserci un collegamento tra il modo in cui le *girls* ti girano intorno e l'attrazione verso le *spire da piovra*… o meglio verso la mia camera da letto.

Badate bene, in quel momento della mia vita io stavo messo molto peggio della mela di Newton, ovvero mi trovavo ancora sull'albero a meditare, perché non solo nessuna era entrata nella mia camera, ma non ci aveva neppure provato di *striscio*! Senza contare quanto fossi consapevole di non saper neppure baciare a modo!

Avevo imitato i compagni di classe e ci avevo provato con Susy, l'unica a essere rimasta libera e disponibile, ma poi avevo capito il motivo di tale isolamento, quando le labbra mi si erano quasi congelate appiccicandole a quelle del *pinguino*! Di certo non mi aiutava a tentare mosse a un livello superiore.

Così mi ritrovavo in quella penosa età in cui le coetanee non ti *filano*, ritenendoti un *impiccio* e le più piccole le fuggi tu, perché non vogliono ancora darti ciò che desideri. Era un momento in cui l'esplorazione riguardava altre possibilità di svago che non fossero le equazioni, combattuto tra le spinte degli amici verso *tentativi di prova* con donne navigatrici di molti oceani del piacere e i messaggi subliminari delle *girls* diretti a un coinvolgimento *obbligatorio*, chiamato *amore*, del quale, mentre la chimica resterà sempre estranea ai suoi reconditi meccanismi, loro ne conoscono i dettagli dagli esordi della vita sulla Terra. Volevo a tutti i costi rendere più attraente quell'aspetto da *secchione* e da *bravo ragazzo* che poteva solo agganciare le carezze dei genitori e non delle loro figlie, trasformarmi in una *calamita.* Oggi, a venti anni, sono qui a raccontarvi i metodi consolidati del mio successo, perché bisogna tenere bene in mente di avere sempre una strategia disponibile, anche quando ti senti in fondo al pozzo dello sconforto!

Il big bang dell'attrazione

Sarà stato il surriscaldamento globale, dovuto all'*effetto serra* nei miei *piani bassi*, ma mi trovai catapultato dentro le leggi fisiche dell'astronomia antica di Keplero, trasformandomi in un Sole, intorno al quale, invece dei pianeti, giravano delle splendide ragazze. Una visione folgorante brillò nella mia mente e in men che non si dica, interpretai le tre leggi dello studioso formulandone la versione aggiornata, conforme alle mie esigenze del momento, scrivendo le *pietre miliari* della mia futura trasformazione e alla base delle strategie per *etichettare* il mio passaggio.

Prima Legge di Tim

Le *girls* ti girano intorno in un'orbita ellittica, dove ti passano vicine, ma poi si dirigono sempre verso il punto più lontano (generalmente invogliate da un *boy* più attraente). Tu non puoi determinare il raggio minimo e massimo dell'orbita, ma è certo che avrai a disposizione un periodo dove la tua energia sarà più magnetica e se non sfrutti quel momento, la capacità d'*incollaggio* diminuirà e avrai perso la *girl* di passaggio. Questa dinamica è valida anche quando sei tu a cercarla: le tue armi avranno una durata limitata, o ce la fai o addio, fino al prossimo giro!

Considerando che la prima legge di Keplero era collegata alla *conservazione*, decisi che la *Prima Legge di Tim* sarebbe stata dedicata all'*acchiappo*: la cattura dell'attenzione della *girl*, quando si aggira nel tuo raggio d'azione, prima del suo allontanamento, perché una volta entrata nell'orbita di un altro Sole seducente, tu ti spegnerai irrimediabilmente come una lampadina fulminata!

Seconda Legge di Tim

La velocità di passaggio non è costante, ma varia lungo l'orbita, ed è inversamente proporzionale alla distanza della *girl*.

A volte le *girls* assomigliano alle *comete*, le devi acchiappare al volo. Altre volte brillano nel tuo firmamento a lungo e questo ti consente di studiare la strategia migliore. Dovrai avere sempre i riflessi pronti, tirare fuori dall'archivio le tue migliori idee stravolgenti ed essere tempestivo come un fulmine. La riflessione in questi casi serve solo a rimpiangere dopo quello che avresti dovuto fare prima!

La seconda legge di Keplero illustrava le relazioni tra la forza centrale del pianeta e le dinamiche della loro rotazione intorno al Sole. La *Seconda Legge di Tim* si sarebbe occupata dell'*incanto irreversibile*, dopo il *ral-*

lentamento, causato da tutte le *esche* gettate nella *Prima Legge* durante il passaggio. In questo punto, dovevo concentrare tutte le forze di persuasione sul *prendi me e non lui*, cancellando i richiami del *maschio dominante,* pronto a ostacolare gli altri concorrenti.

Terza Legge di Tim

Infine, entrava in gioco l'interazione gravitazionale, il *calamitaggio* irreversibile verso la *resa definitiva*, creato dalla presenza dei *corpi* e dall'energia di attrazione, che si sarebbe dovuta propagare alla velocità della luce (in tempi e modi da predatore, altrimenti la *girl* racimola il tempo per riflettere). A tale proposito, la *Terza Legge di Tim* sarebbe stata rivolta alla conclusione dell'opera di *acchiappo*, *conversione delle resistenze* della *girl*, con il suo *abbandono definitivo* delle opposizioni residue, anche se al momento non avevo ancora esaminato i *movimenti fondamentali* da attuare e sui quali mi trovavo ancora in alto mare, causa inesperienza da realtà e abuso di pratica da fantasia.

Già il lavoro era molto, meglio non pensare a valutare anche le tecniche di fuga per il *dopo*.

In tutto questo, non mancavano altri *impicci* di non poca importanza:

Primo dettaglio: la mia camera ospitava per tre

quarti i vecchi giochi di mia sorella, ora già al College. Rimedio: dovevo pretendere uno spazio indipendente e imporre l'esilio dei reperti storici nel ripostiglio.

Secondo dettaglio (quello peggiore): mia madre, dotata di antenne più sensibili di un radar puntato verso lo spazio, non mi avrebbe MAI permesso di stare tutto solo in camera con una *girl*, senza invadere il territorio ogni minuto. Rimedio: era necessaria una tabella degli orari della famiglia e degli spazi liberi, eludere la sorveglianza continuata e trovare delle scuse per rendersi più indipendenti.

Terzo dettaglio: la mia stanza non aveva l'aspetto di un rifugio da *cacciatore*, ma si sommavano i punti *respingenti* delle foto da piccolo, giocattoli conservati, fumetti fuori moda, fino a cadere nel baratro dei lenzuoli con gli orsacchiotti, ignorati fino a quel momento. Rimedio: avevo l'obbligo verso me stesso di pretendere e organizzare uno sconvolgimento globale. La camera era il punto di arrivo della mia strategia *vincente*, dopo aver superato gli ostacoli dell'*insicurezza*, della *timidezza* e della *goffaggine genetica* e se dopo tanta fatica avessi *conquistato* il traguardo, non potevo certo rischiare che, aprendo la porta, la *girl* si fosse messa a ridere, demolendo così ogni mia aspettativa!

Lei attira lui o lui attira lei? Insomma, chi seduce chi?

Lo so che può sembrare uno di quegli scioglilingua che t'incasinano il cervello, ma la domanda è seria. Quale ormone si scatena per primo? Chi ha il dovere di muoversi e chi ha il diritto di aspettare?

Se chiedi alle ragazze, ti diranno che tocca ai ragazzi fare la prima mossa, poi le *girls* faranno finta di niente, ti manderanno in bestia una o più volte, infine se possiedi tutti i *numeri giusti* ti cascheranno ai piedi, per agganciarsi alle caviglie e non mollarle più neppure se continui a camminare strascicandole.

Se domandi ai ragazzi, risponderanno che i tempi sono cambiati ed è giunta l'ora di stare in attesa dell'iniziativa femminile, dopo ovviamente aver svolto tutte le attività indispensabili verso lo sport, gli amici, il computer e molte altre necessità vitali, spesso non comprese dall'altro sesso.

Alla fine però, arriva sempre un momento in cui il famoso *effetto serra* ai *piani bassi,* causa un *turbine climatico* che blocca ogni ragionamento e fa muovere verso la minigonna prescelta.

Per noi ragazzi l'attrazione principale si ferma a un'esplorazione superficiale, dove in tempo supersonico sono rilevati, con il mirino a *centrino* come nei videogiochi, i punti da conquistare, dopo aver superato i livelli infiniti di prove a ostacoli che la *girl* ti piazza davanti, senza tregua o pietà. E mentre ci stiamo impegnando a capire le istruzioni incomprensibili dei pulsanti di attacco, loro studiano in profondità i nostri meccanismi interni, per arrivare a dominarci le emozioni e gestirci i piani di vita futuri.

Quando sono le ragazze ad attaccare per prime, noi *boys* all'inizio siamo sempre attratti dall'intraprendenza, infine dedicati alla fuga verso l'*incastramento* globale. Perciò la conclusione è ovvia: chi possiede più magnetismo e tattica riesce ad *calamitare* l'altro, in barba alle tentate ma inefficaci resistenze della preda.

Poli magnetici

Entrando nel vivo della questione, la Prima Legge di Tim mirava a distogliere la *girl* da altre traiettorie, inducendola a voler approfondire le *offerte* della *new entry* (io), al momento non ancora nella classifica dei più *ambiti* del momento.

Per scalare la *hit* dovevo approfondire le cause *magnetiche* di chi stava ai vertici del gradimento femminile e potevo scoprirlo solo mettendomi d'impegno a osservare i *poli d'attrazione* della scuola e i personaggi *hot* del momento, nella vita reale e in quella delle riviste, paragonandomi a loro.

A tale confronto il mio voto si rivelò essere di molto sotto lo zero assoluto e non avevo neppure l'energia di abbattermi, mentre analizzavo i loro punti di forza e pianificavo i rimedi.

Cerca di non *soccombere* in questa prima fase, anche se sarai tentato più volte di abbandonare il progetto!

Afferra al volo i *punti chiave* del successo dei *super boy*:

☹**Bell'aspetto e cura nei dettagli** - Il primo livello di attenzione si concentra sempre sulla *facciata fisica*, la *struttura* e il *rivestimento* di contorno. Lo sguardo della *girl* ti passa allo *scanner* in tre secondi e formula la sua *sentenza* definitiva. Se non riesci a superare i parametri, previsti nella sua *valutazione,* sei *finito*, *disintegrato*, fumata ogni possibilità di rimettere insieme i pezzi. La *girl* non concede mai una seconda possibilità se non ti sei dimostrato all'*altezza* dei suoi *sogni del momento*, i quali sono condizionati da influenze esterne del tipo: livello dei *boys* delle amiche (loro sono sempre in concorrenza per esporre il migliore, anche se non lo ammettono apertamente); stile e involucro del divo del momento (che però varia come le stagioni); necessità interiori da *estrarre* dal *boy* preso di mira.

Inutile dirlo, al momento io mi trovavo su un altro pianeta! Il primo pensiero fu innescare un incendio casuale nell'armadio, per distruggere i maglioni fatti a mano dalla nonna. Come potevo diventare uno dei più *gettonati* vestito a quel modo? Non mi ero reso conto di quanto fosse importante la cura dei dettagli. Passai un pomeriggio intero in libreria a scartabellare e prendere nota, sfogliando le riviste per adolescenti. Anche oggi mi tengo sempre aggiornato e tu fai altrettanto, guardati intorno, informati, consulta tutto il possibile e studia i film cult e i telefilm alla TV annotando i dettagli utili!

☺**Abbigliamento e abbinamento** - Sia chiaro, è finita l'epoca degli *stracciati* e *ricuciti*, dello stile *accattone, ritornato dalla giungla, punk* o *rapper metropolitano*. Questi sono gli stili alla moda *acchiappo* del momento:

✓***Lo stile college*** - Giacca o chiodo colorato, cravatta, jeans o pantaloni scuri sportivi, camicia sbottonata al primo bottone, capello corto all'indietro, genere "prima faccio i compiti poi esco".

Perché piace alle ragazze? Semplice, è l'esempio perfetto della sicurezza futura, è il tipo che non ti assale al primo appuntamento, ma ti fa capire che vuole conoscere i tuoi pensieri e sentimenti (so che non te ne frega niente ma cerca di sopportare la prima fase). Il tipo college non arriva mai in ritardo e soprattutto non tradisce, o lo maschera bene. Se indossi questo ruolo ricordati di mantenerlo solo nella vita pubblica, in privato saresti noioso e ti mollerebbero dopo cinque minuti, quindi nell'intimità trasformati in un pirata all'arrembaggio. La sorpresa porterà buoni frutti.

La girl attratta dallo stile college: una ragazza sempre perfetta e carina, che non mette mai in mostra il contenuto, studia con impegno, legge, tiene alla cultura, frequenta le biblioteche, non ride ma sorride, non si mette in evidenza e di solito è timida… almeno all'apparenza.

Tecniche di acchiappo: si parte dall'approccio sugli argomenti di studio, scivolando poi sulle problematiche della scuola, per finire a farle qualche complimento educato, invitarla a una passeggiata, cinema, mostra o teatro, proseguendo in un lento e scivoloso avvicinamento da gatto sornione, fino a quando la preda verrà verso la tua tana.

Strategie di autodifesa della girl: se capisce che stai giocando con lei, la sua migliore difesa per demolire le tue aspettative sarà quella di affiancarsi a un tipo più estroverso e affascinante, uno sportivo, poco cervello ma troppi muscoli (confrontati ai tuoi), per giunta ben distribuiti nei punti giusti, con il quale non reggerai di sicuro il paragone. Stai certo che anche le *girls* guardano la forma delle tue chiappe! Di fronte a tale intoppo, puoi uscire allo scoperto con attacchi a base di giochi mentali, mettendo la concorrenza in ridicolo, oppure ritirarti cambiando obiettivo.

✓ ***Lo stile del genio ribelle*** - Volutamente trasandato, senza fronzoli ma curato nei minimi dettagli, capello corto con qualche ciuffetto sugli occhi (che ti è costato un secolo di tempo per farlo stare proprio lì con quel non so ché di casuale), jeans e scarpe comode (ma alla moda), aria un po' trasognata e distratta, silenzioso ma pronto a colpire con un'osservazione dettagliata, apprezzato per il suo rendimento a scuola ma poco socievole e mai inserito in un gruppo.

Perché piace alle ragazze? Rappresenta il mistero, non si può programmare niente con lui, non sai mai a cosa pensa. È un genio e sembra che la scuola sia un passaggio temporale da un altro pianeta, non confida mai niente e non esprime opinioni, sta chiuso nel suo guscio con uno sguardo languido che sembra dire "È proprio di te che ho bisogno". Il genio ribelle è dolce e timido, lascia che la *girl* cada nella rete e lo incoraggi a proseguire per aiutarlo a inserirsi nel mondo, così che lei si senta fondamentale.

La girl attratta dallo stile genio ribelle: intelligente e premurosa, rispetta gli spazi di silenzio e solitudine, non parla troppo (caratteristica rara) e comprende che non avrà risposta alle sue domande, è una perfetta organizzatrice e pianifica da sola i luoghi e i tempi adatti.

Tecniche di acchiappo: mai fare dei complimenti, non ridere ma sorridi con timidezza, comunica con *toccate e fughe*, piazzati sempre nei paraggi ma con indifferenza, seminando sguardi. Questa è la strategia del *conquistato*, che attrae la *girl* perché lei è convinta di potergli tirare fuori il proprio io interiore. E lo farai… eccome se lo faraï…

Strategie di autodifesa della girl: la comprensione di un cervello geniale rischia di durare poco e la *girl* si potrebbe indirizzare verso uno *stile fosforescente* o un *Numero 1*, di seguito troverai queste tipologie. Dovrai stare molto attento a non tirare troppo la corda.

✓***Lo stile fosforescente*** - Sempre con qualche dettaglio che si nota anche da lontano, capelli al vento in avanti e da un lato, all'apparenza scompigliati ma sempre perfetti, abbigliamento colorato ma funzionale, non male uno o più braccialetti o un laccio con ciondolo al collo. Sono d'obbligo T-shirt, camicie sbottonate, maglie colorate. La scuola non è fondamentale, c'è perché ci deve essere e non di rado oserà proporre una fuga verso lidi appartati. Se ti senti portato per questo ruolo, dovrai fare parte degli opportunisti e anticonformisti allo stesso tempo, farti amare ma trasgredire le regole, essere passionale ma non farti acchiappare mai, ironico e soprattutto divertente, solo così riuscirai a farti perdonare i guai e le dimenticanze (che sono d'obbligo), il sorriso deve sempre essere perfetto come una star dello spettacolo, ma non dovrai mai essere troppo invadente o esagerato.

Perché piace alle ragazze? Lo stile fosforescente è piacevole e divertente, fa venire voglia di passare del tempo con chi lo indossa; è superficiale con qualche apparizione di coscienza, intraprendente al punto di non fermarsi davanti a un "no". Questo stile è il migliore per coloro che madre natura non ha inserito nel gruppo dei *sagomati*.

La girl attratta dallo stile fosforescente: è una ragazza allegra e divertente, pronta a lasciarsi trascinare nelle fughe, una controcorrente che se ne infischia degli orari, della scuola e dei genitori. È probabile che lei si sia già organizzata la sua camera per invitare te!

Tecniche di acchiappo: essere divertenti è l'arma migliore, scanzonati e irriverenti, gioca ad attrarre la sua attenzione. Questa è la strategia del sorriso, la più forte arma per calamitare le *girls* verso di te. Falle ridere e ti preferiranno a tutti gli altri!

Strategie di autodifesa della girl: potrebbe cercare di farti ingelosire con uno *stile college* o metterti a confronto con un *Numero 1*. Potrebbe anche batterti in simpatia e attrarre altri e forse troppi concorrenti.

Consiglio: non fare troppo il giullare!

✓***Lo stile del Numero 1*** - I Numeri 1 hanno sempre un vantaggio rispetto agli altri: hanno già dimostrato di essere i primi in qualcosa: sport, spettacolo, scuola, numero delle ragazze conquistate e molto altro. I Numeri 1 si possono vestire come vogliono perché basta già essere primi per poter fare quello che pare a loro, ma si consiglia un abbinamento simile allo stile fosforescente e potranno brillare nel firmamento a lungo. Essere dei Numeri 1 non è molto facile ma se ci riesci, elimina la tua timidezza, rifatti il trucco e esci allo scoperto!

Perché piace alle ragazze? Il Numero 1 è la continuazione della specie, il leader, il re che cerca la sua regina; rappresenta l'invidia futura delle amiche, l'autostima della conquista e di essere le prescelte.

La girl attratta dallo stile del Numero 1: l'obiettivo più difficile, la ragazza inconquistabile da tutti, la torre da abbattere, la fortezza inespugnabile. Scegliere di essere un Numero 1 necessita un impegno costante in una materia specifica, ma ti porterà un inevitabile codazzo di *girls*, fra le quali potrai pescare nei momenti di attesa di quella che hai scelto.

Tecniche di acchiappo: promozione continua, diretta e visiva, ma anche indiretta tramite la pubblicità degli amici. Rendi affascinante l'idea di poterti incontrare. Consiglio: non essere troppo presuntuoso.

Strategie di autodifesa della preda: se si sentisse troppo all'ombra della tua brillantezza sociale, la *girl* potrebbe farti perdere le staffe dirigendosi verso uno stile college, più pacato e prevedibile.

✓ ***Lo stile del Boss*** - Il Boss è capo del gruppo, quello che guida gli altri e impone le proprie idee e il proprio *brand.* Il Boss deve possedere uno o più segni di riconoscimento, approvati sempre dai propri sostenitori e può confezionarsi in modo classico (come James Bond) o anticonformista (genere A-Team). Il Boss attira molti rischi: brutti voti sul comportamento, attacchi dagli altri Boss per il dominio del territorio, liti fra *girls* per la conquista del Boss, azioni di limitazione da parte dei genitori.

Perché piace alle ragazze? Perché è il Boss!

La girl attratta dallo stile del Boss: quella che aspira a diventare la *pupa* del Boss.

Tecniche di acchiappo: tutte le conosciute e sconosciute, riverenti e irriverenti. Il Boss non chiede... ci prova e se non va come vuole se ne infischia.

Strategie di autodifesa della girl: fare la Bond Girl è complicato come fare il Boss. All'inizio può attrarre, ma poi il sentirsi limitata da un Boss che non lascia mai spazio di decisione (comportamento naturale), la *girl* potrebbe decidere di lasciarti di stucco, deviando verso un tipo fosforescente, più allegro e sociale.

Consiglio: fare i Boss è più facile in una puntata di NCIS che nella vita reale. Sogna di interpretarlo, cattura l'energia e dirigiti verso trasformazioni più facili,

almeno fino a quando non sarai entrato nei Servizi Segreti.

È rimasto volutamente accantonato lo *stile romantico*, di effetto immediato ma di poca durata, dopo saresti considerato *sdolcinato* e *noioso.* Usa sempre qualche tecnica *stucchevole* all'occorrenza.

Alle girls piace il bad boy!

L'uragano che travolge, dal quale fuggono, per poi lasciarsi risucchiare inevitabilmente dentro il suo vortice, si chiama *bad boy*. Tutti quelli elencati prima sono stili, il *bad boy* è fatto di un *impasto* diverso, prende le caratteristiche peggiori di tutti e le elargisce alle *girls* che, senza logica mentale, ne sono attratte.

Più è egoista e spericolato più piace. È vanitoso e determinato e *sgranocchia girls* come noccioline. Il suo motto è sempre lo stesso: "Prendo-uso-mollo-passo sopra i resti-avanti un'altra". Il *bad boy* è arrogante, esibisce le sue conquiste, non s'interessa dei bisogni degli altri, nessuno escluso, non esita a manipolare chiunque per raggiungere i suoi obiettivi. Il successo lo segue come un'ombra, ma non può abbattere un grande ostacolo: ha bisogno sempre di un pubblico, reale o virtuale e lo usa per vantarsi dei suoi trionfi.

Ecco i dieci comandamenti del *bad boy*:

❶ *Sono il migliore e non voglio cambiare perché sono perfetto così*. Il *bad boy* non ha bisogno di guardarsi allo specchio per sapere di essere sempre ok.

❷ *Prometto e non mantengo mai*. Il *bad boy* scova nella *girl* i suoi desideri e le prospetta una possibilità intrigante, per attrarla nella tela, ma *dopo*, appariranno ostacoli di ogni genere per *abbattere* le promesse fatte.

❸ *Non è mai colpa mia.* Le circostanze esterne possono sempre fornire attenuanti *creative.*

❹ *Mai fornire spiegazioni o giustificazioni.* Il resto del mondo deve accettare passivamente gli eventi tempestosi *improvvisi* e *inevitabili*, specie se corredati da un sorriso.

❺ *Vietato l'accesso ai sensi di colpa.* Lui non ripensa mai alle azioni fatte e neppure si chiede se è giusto farle o se può *agitare* chi gli sta intorno. I sensi di colpa sono per chi non riesce ad *adattarsi* alle circostanze.

❻ *L'altruismo è per le opere assistenziali.* I regali sono inutili, già vi sono le *donazioni emotive* di cui le *girls* possono beneficiare: *mai troppe e in una sola volta.*

❼ *Scegliere solo chi vizia e coccola.* In fondo il *bad boy* è un *cucciolo ribelle* che si adagia volentieri fra le braccia della *girl* per farsi accarezzare. Poi, quando si è stancato, sfodera una zampata e va per i fatti suoi.

❽ *Convinzioni, non sogni.* Il segreto per essere indistruttibile sta nell'essere convinto *dentro* e mai lasciarsi demolire dagli eventi. La *girl* può sognare di *accalappiarlo* ma poi le sue visioni sono destinate a *frantumarsi* contro gli ideali di *granito* del *bad boy*!

❾ *Sfruttare i bisogni emotivi degli altri a proprio favore.* Questa è l'abilità più scaltra, arricchita da un buon fiuto, cervello sveglio e *DNA mascalzone vero.*

❿ *Restare impressi nel mondo!* Essere di passaggio nell'universo è comprensibile, l'inconcepibile per il *bad boy* è non lasciare una *traccia indelebile* per fare rimpiangere agli altri di non averlo *palpato*!

Perché piace alle ragazze? Può apparire incomprensibile, ma le *girls* adorano il *bad boy*, vogliono conquistarlo per dimostrare di essere *super* ed esibire la loro bravura all'universo. Dopo il tempo stabilito dal *bad boy,* a loro insaputa, lo sentiranno sfuggire di mano e si faranno prendere dal panico, cercando tutti i modi per *snaturarlo* e *redimerlo*. Quando si renderanno conto che i loro tentativi sono vani, la luce della *cometa* sarà già lontana e rimarranno al buio.

La girl attratta dal Bad Boy: tutte!

Tecniche di acchiappo: il *Bad Boy* non ha bisogno di strategie, le *girls* arrivano da sole, anche se non richieste. Lui le strega e le fa sentire importanti, preziose e uniche. Ogni tanto non le considera e questo agisce da *collante*. È super abile nelle tecniche del *tira* e *molla*, della passione e dell'indifferenza, fino al raggiungimento della *cottura a puntino*.

Strategie di autodifesa della girl: nessuna, a meno che la *girl* riesca a mantenere qualche neurone indipendente, allora avrà un *jolly* a disposizione: *spegnergli* la luce del palcoscenico e *rivoltare* contro di lui tutte le sue tecniche. Il *bad boy* odia non trovarsi al centro dell'attenzione; non sentirsi ammirato e seguito gli fa saltare gli ingranaggi. *Attrarlo* e *ignorarlo*, questa è l'arma per stenderlo al tappeto. La *girl* deve ricordarsi che il *bad boy* non rimane KO a lungo, quando si *rianima* è meglio non stargli intorno per non essere colpite da rappresaglie vendicative.

In conclusione, nel raro caso in cui la *girl* riesca a *imbrigliarlo*, deve considerarla una conquista temporanea, poi lo vedrà correre via come un puledro selvaggio.

Irresistibili dentro e fuori

Con la Prima Legge di Tim sono stati fissati i punti essenziali in:

✓*Scegli* la *girl* o le *girls,* possibilmente non nella stessa classe, che siano *raggiungibili* e secondo i tuoi desideri (devi tenere presente anche che dopo il *rilascio* non puoi ritrovartele sempre tra i piedi a contrastarti). Fino a quando non avrai più esperienza nell'*acchiappo*, individua *girls* libere così non dovrai concentrarti sulla concorrenza. Nel tempo, le conquiste su terreno altrui ti metteranno più in risalto: le *girls* amano sempre chi osa!

✓*Studia* bene le caratteristiche e la predisposizione della *girl* scelta, osserva se rallenta il passaggio, si avvicina, cerca approcci, si fa presentare dalle amiche, trova scuse per parlarti. Non ti abbattere se non ti considera neppure dopo aver applicato tutte le strategie dello stile che hai scelto. Quelle che ti cascano subito ai piedi non sono creative e anche se ti trovi in tempi *desertici* non distenderti a *tappetino* appena una fa il primo passo. Mantieni la posizione!

✓*Adegua* il tuo piano di attacco alle informazioni incamerate. Procedi per gradi tastando il terreno e osserva le mosse di ritorno, aggiusta il tiro e vai avanti nello spettacolo!

Nella *Seconda Legge di Tim*, ci occuperemo di come, una volta incuriosita, potrai *deviare* la *girl* dall'orbita che si era imposta per *dirigersi* verso di te.

L'attrazione magnetica è composta di più ingredienti e si basa sulle tue convinzioni. Se non sarai convinto di ciò che farai, ti scopriranno e il tracollo sarà definitivo e irrimediabile.

Molte persone diventano attraenti per quello che sono o rappresentano per gli altri, per le proprie capacità e quanto riescono a incastrarsi perfettamente con l'ambiente circostante. Tutti possiedono elementi di fascino, per qualcuno è una dote naturale, per altri va costruito con impegno, ma i risultati ripagano gli sforzi compiuti.

Dopo aver richiamato i suoi sguardi, in un modo o nell'altro, mostrando la tua parte esterna, lo *step* successivo è quello di avvolgere la *girl* ben stretta con un *legame seducente*. Ti saranno necessari questi elementi insostituibili:

☺*Possedere convinzioni magnetiche* - Mai e poi mai mollare la presa, dovrai essere convinto di quello che sei e fai, seguendo la tua scelta fino alla *fine* (= smantellamento delle difensive residue della *girl*).

☺*Mettere in atto un comportamento irresistibile* - Studia il linguaggio del corpo e le sfumature della voce, per capire i passi giusti, quelli da variare, interpretando i pensieri di chi ti sta di fronte.

☺*Sviluppare tutte le capacità ammaliatrici* - Affina tutti i modi per divenire interessante, accattivante e memorabile. Lo scopo è creare nella mente della *girl* un'impressione affascinante della tua identità.

☺*Investigare nel profondo* - Non fermarti all'osservazione superficiale del comportamento della *girl*, molto spesso anche loro hanno dei *ruoli* che mettono in atto. Il vero bersaglio sta dentro e devi individuare se coincide con l'atteggiamento esterno. Di solito siamo identificati con le nostre azioni, ma se qualcuno è abile nell'individuare il nocciolo, quello riuscirà a mangiarsi la pesca!

☺*Non sforzarti per ottenere ciò che desideri* - Più ti sforzi per accaparrarti qualcosa e più ti diventerà difficile rinunciarci, di conseguenza potresti comportarti in modo troppo pressante e scoprire i tuoi intenti. Tu sei *ok* anche quando si presentano i casi peggiori, smetti di preoccuparti, non devi aver bisogno di *quella girl* per forza (più avanti i rimedi per i casi di perdita della coscienza, causa innamoramento).

☺*Se la girl non ti fila riguarda solo lei* - Non esiste il fallimento dell'impresa, ma solo un *risultato diverso* da quello che ti aspettavi. Se la *girl* non si distrae a sufficienza dalla sua orbita, non significa che tu non sia stato bravo o stuzzicante, ma solo che lei è attratta da qualcosa di diverso da quello che hai proposto. In questo caso si dovrebbe dire che non sei riuscito a identificare le richieste *occulte* della girl. Se sei ancora in tempo per mettere in piedi un altro show provaci, altrimenti cerca di convertire il piano di ammaliamento in uno d'amicizia. Nel tempo possiederai più informazioni per riprovarci.

☺*Sei tu!* - Ricordati sempre, tutte le mattine, che *sei tu* che stabilisci chi sei, *sei tu* che decidi come ti muovi e cosa fai, *sei tu* che ti dirigi dove e quando vuoi, *sei tu* che scegli la tua vita e la tua *girl* (... del momento) !

Sono convinto… convinto… convinto…

Non basta possedere un buon piano per essere sicuri di se stessi. Per attrarre le *girls*, come primo punto, dovrai piacerti fino in fondo, e non qualche volta, ma *sempre e comunque*. Le tue convinzioni influenzeranno il modo in cui ti comporterai, parlerai e penserai, in un vortice che trascinerà le persone che ti circondano. I risultati positivi ti daranno maggiore sicurezza sulle strategie, quelli contrari ti forniranno informazioni per migliorarti.

Non basta possedere il fisico adeguato, apparire carini e indossare l'abito giusto per essere attraenti, se dentro di te si nasconde la paura di fare un buco nell'acqua sarà quello che otterrai, perciò dovrai imparare a pensare in modo diverso.

Vuoi diventare seducente? Allora non ci sono dubbi: lo sei già! Queste dovranno essere le sole e uniche convinzioni della tua vita:

☺*Condizionamento zero* - Ti hanno *stampato unico* e perciò nessuno ha il diritto di dominarti. Dirigi il cervello verso i tuoi obiettivi, senza curarti se siano graditi agli altri, accetta consigli ma poi rifletti da solo. Non dovrai convincere le *girls* a condividere i tuoi pensieri, ma evita di attrarre quelle che vogliono a tutti i costi *impacchettarti* come piace a loro, per questo è fondamentale la *selezione* della *girl* giusta. Pensa a catturare quelle che si adattano di più al tuo modo di essere e sarà più facile entrare nel loro raggio d'azione. Non è importante attivare il *contagirls* per il gusto unico della conquista, è importante vivere pezzi di vita *felici* con la favorita del *momento.*

Hai tempo per pianificare il tuo futuro, il lavoro, la casa, il mutuo, i bambini, nipoti, giocare a golf… tutto quello che potrai *infilare* nei prossimi cento anni!

☺*Intralci del mestiere* - Il ribelle rende e a sé e agli altri la vita complicata. Se decidi di rivestire il ruolo dell'*indomabile* calamiterai le indisciplinate come te. Certo, saranno fuochi e fiamme, ma dureranno poco e potresti bruciarti i rapporti esterni e la reputazione. Non è conveniente nel tempo e potrebbe pregiudicare la conquista di altri caratteri di *girls*. Il *rivoluzionario* ha il suo stile, ma è troppo limitato per trasformarsi in un *conquistatore* su larga scala, così come il troppo *bravo ragazzo.*

Gli estremi sono sempre ardui da rivestire come da sopportare, meglio scegliere la via intermedia: il *tipo in gamba.*

Ed ecco a voi...

Dentro l'*imballaggio* che ti sei scelto, *confezionato* con lo stile migliore per te, c'è la *combinazione* che caratterizza il *tipo in gamba*, la cui dote principale sarà il *trasformismo*: l'essere elastico e inflessibile, dolce e ribelle, premuroso e menefreghista, interessato e svogliato e tutto quello che d'interessante si può combinare insieme. Insomma, un raro puzzle di *hot* e *cold* allo stesso tempo!

Il *tipo in gamba* riesce a tirare fuori dal cilindro le sue caratteristiche migliori e peggiori quando è il momento giusto, ed è sempre pronto a colpire la *girl* (questa tecnica è molto utile anche per *affondare* i professori e i genitori):

✓*Intelligenza* - Non significa fare le equazioni matematiche da genio della fisica. Se sei abile in materia non guasta, ma la migliore forma d'ingegno è rappresentata dal riuscire a *captare* le necessità degli altri, *fiutare* i loro sentimenti e *adeguare* il proprio comportamento e linguaggio alla situazione.

✓*Silenzio* – Anche il *mutismo* è un ingrediente fondamentale per entrare in sintonia con chi ti circonda, dimostrando l'abilità di saper osservare senza commentare, essere capaci di rilassarsi e assaporare il momento. Tieniti pronto ad *afferrare* meglio questa dote quando ti sarai portato in camera una *macchinetta parlante* e non riuscirai a scovare il pulsante *off*!

✓ *Ascolto* – Le persone che ascoltano e non criticano sono le più *gettonate* in qualsiasi galassia. Tutti noi abbiamo bisogno di esprimere i nostri pensieri e opinioni, sia superficiali o nel profondo, parlare delle nostre emozioni, timori, desideri e paure. Se troviamo qualcuno pronto ad ascoltarci, che non sia un *demolitore* d'idee, quella persona avrà via libera su tutto.

Perciò, mentre ascolti argomenti che di sicuro non t'interessano e la *girl* prescelta continua a *tampinarti* con le sue paturnie o idee strampalate, il miglior sistema è dotarsi di tappi invisibili per le orecchie, darle ragione e sorridere. Non provare a dare consigli, tanto non li prenderà mai in considerazione, ascolta e asseconda. Se dopo il sacrificio, al quale ti sottoporrai per un tempo limitato, a stregua di un pedaggio per il benessere, non sarà lei ad assecondare i tuoi desideri, meglio mollarla, perché non cerca un ragazzo ma un *ascoltatore* con cui sfogarsi!

Da non sottovalutare che l'ascolto fornisce un sacco di dettagli e informazioni sui desideri della *girl*, che in modo inconsapevole ti mette a disposizione lei stessa le *armi* per la cattura definitiva.

✓*Abilità* – Sarai pur in grado di fare qualcosa! Seleziona le migliori capacità che possiedi e rendile visibili. Sviluppa la creatività, la curiosità e il modo di vedere il mondo (e anche le *forme* della *girl*) da diverse prospettive, agisci con coraggio ma senza essere sconsiderato. Lasciati andare, non essere troppo minuzioso e diventa più tollerante verso tutto e tutti. Fatti trascinare dalla musica (anche se non vai in discoteca). Osa e sii temerario!

✓*Perseveranza* - Non stare a lambiccarti il cervello su cosa gli abitanti del mondo pensano e ti giudicano, neppure se commetti un errore, perché in quel caso farai meglio la volta successiva. Se cerchi continuamente di giustificarti o difenderti darai l'impressione di non sapere cosa stai facendo e quel che peggio di non credere in te stesso. Nessuno è infallibile e tutti commettono inciampi, anche i più esperti. Alle scoperte (come alle *girls*)si giunge dopo aver formulato delle ipotesi, definito delle teorie ed essersi avventurati per tentativi. Devi guardare oltre e pensare in modo funzionale ai tuoi obiettivi. Quando ti tremano le gambe, annodale!

✓*Ironia* – Allenati a essere divertente, *posizionati* al

centro dell'attenzione con garbo, facendo anche lo sciocco al punto giusto, esprimendo i tuoi pensieri senza sentirti in imbarazzo quando fai un complimento o uno scherzo, mai e poi mai rientrare fra la categoria dei *troppo seri* e men che meno fare parte dei *pessimisti*, sempre pronti a notare il lato negativo della situazione. Saresti *esiliato* in un luogo senza ritorno, si diffonderebbe la voce e sarebbe come aver sparpagliato il *diserbagirls*: nessuna spunterà più sul tuo suolo! A questo punto se hai giocato bene le tue mossela *girl* è bella stretta al tuo lazo! Ora, se la devi *trascinare* verso la tua camera, qualcosa non va come dovrebbe. Rifletti su tutti i passaggi e varia la strategia. Se invece si lascia guidare docile e curiosa sei nel giusto, ma attento ai dettagli!

Guarda… Ascolta… Fulminata!

Se ti accorgi di essere tu l'*ammaestrato,* sempre pronto a ogni suo volere, significa che hai perso il controllo e devi correre ai ripari il prima possibile, prima di trasformarti tu nella preda!

Qualora tutto sia secondo i piani, è giunto il momento di affinare gli ultimi dettagli della strategia e abbinare al tuo stile anche le sensazioni invisibili che *spediscono* la *girl* direttamente verso la fase dell'*abbandono totale,* combinando le *sensazioni emotive*, dalle quali lei pescherà senza rifletterci gli ingredienti per restare *stecchita* dal *colpo di fulmine.*

Sensazioni visive - I suoi occhi ti osservano, trasformando tutti i dettagli in emozioni: aspetto fisico, abbigliamento, colori, modo di muoversi, gesti, sguardi. La prima impressione è l'inizio dell'*avanzata* strategica, verso la conquista del territorio. La *girl* sommerà anche le sensazioni visive, *servite* di *contorno* nei luoghi dove starete insieme: paesaggi, tramonti, complimenti che le dipingerai nei particolari.

Arma fatale: descrivile in modo dettagliato dove la vorresti portare, tu e lei soli. Sarà come se l'avessi già fatto (senza troppa fatica)!

Sensazioni uditive - La tua voce e il modo in

cui le parli dovrà essere una trasmissione elettrica, a corrente alternata di passioni, e non mancare di creare sempre una *colonna sonora* ai vostri incontri, sia essa proveniente dalla natura o da un congegno tecnologico.

Arma fatale: falle scegliere la *vostra canzone*, la userai... Sopporta se non corrisponde ai tuoi gusti. La pazienza è una grande risorsa e non delude mai.

Sensazioni cinestesiche - Sono i turbamenti del profondo, quelli impalpabili pronti a esplodere in un fulmine di emozioni. Lei lo chiamerà *amore*, tu mantieni i *piedi per terra*, o lei ne approfitterà per girare il vento a suo favore. Per te il nome giusto da abbinare al suo batticuore è: *risultato*!

Arma fatale: rientrano fra le emozioni anche l'*olfatto* e il *gusto*. Il tuo profumo dovrà restarle appicciato addosso per l'eternità. Non usare saponi dagli odori strani e ricordati che la pulizia è d'obbligo.

Combinazioni sconvolgenti - La migliore abilità sta nell'*innescare* un congegno esplosivo, dosando un mix di tutte le sensazioni in grado di provocare stupori, sorprese, batticuori e causare un fuoco d'artificio di carisma ipnotico dai mille colori e che *bruciacchierà* la *girl* lasciandola senza energie.

Raggio d'azione

La strategia di base prevede l'avvicinarsi come un *Condor* alla preda: cerchi concentrici ravvicinati.

La *girl* comincerà a notarti nell'accostamento, poi si chiederà il perché e a domandarsi se è lusingata o deve prendere il largo. Non è esclusa una fuga tattica per farsi sentire desiderata, tornando di corsa non appena l'avrai fatta *ingelosire* con un'altra. Del genere: "Se non ci sei tu, cambio direzione... però sei sempre la mia preferita".

Come la *girl* manifesta l'apertura... mentale?

Osserva le sue azioni: si è fermata proprio nel mezzo di qualche cosa, giocherella con i capelli, si scopre l'orecchio e una parte del collo, genere attrazione per il vampiro? Si trastulla con un orecchino o un monile vario, parla con qualcuno ma guarda te? Tenta un accostamento furtivo, usando anche delle scuse per sfiorarti?

Tu naturalmente, assumerai un'aria sognante da *colto di sorpresa*, risponderai prontamente in modo rilassato, senza incrociare le braccia... anzi aprendole a invito!

Allenati a mantenere il contatto con gli occhi della *girl* mentre le parli. Attiva la funzione fulminante:

occhiate da predatore, ogni tanto sorridi dimostrando la tua sicurezza e rendendo la situazione piacevole.

Se vuoi catturare la sua attenzione, guardala spesso e quando lei lo capisce, trattieniti un momento poi voltati altrove, come fossi stato preso nel sacco! Ripeti l'azione per un paio di volte ancora e poi abbandona il territorio con indifferenza.

Seguendo la *teoria del completamento*, la *girl* non potrà sopportare neppure l'idea di lasciare questo dilemma *incompleto* di risposta (a lei favorevole) e la istigherà a volerne capire di più sul tuo interesse.

Non mancare di notare i dettagli quando le sei vicino, ma dosa la misura e il tempo dello sguardo. In parole chiare: considera spesso il rossetto sulle labbra, in tono allusivo, ma evita di tenere le ciglia incollate al suo reggiseno, anche se volutamente ha indossato una maglietta trasparente o una scollatura *disumana* per fare comprendere meglio forma, peso, circonferenza e tonicità. La *girl* può amare mettere in mostra la *mercanzia* ma se insisti nell'*ispezionare* il *dentro*, lei penserà che tu sia solo interessato al sesso e non alle sue emozioni. Da istruire bene i neuroni su questo punto: la *girl* lo sa che pensi al sesso, ma non lo vuole sapere!

Falle drizzare i peli!

La pelle raccoglie le emozioni dell'universo passionale meglio di un osservatorio astronomico. I recettori captano le sensazioni termiche, il dolore, le percezioni degli oggetti e le stimolazioni elettriche, spedendole direttamente al *computer cerebrale*, dove i file sono analizzati e suddivisi negli archivi. Puoi stare certo di avere una *cartella* aperta a tuo nome con tutti i *pro* e i *contro* dal primo momento che ti ha visto, proprio accanto ad altre cartelle dei *concorrenti*, i quali spingono con tutte le loro forze per fargli premere il tasto *delete*, *gettarti* nel *cestino* e *svuotarlo* prima possibile per non permetterti di ritentare.

Il *contatto* rafforza il fattore di *persuasione* e se la *girl* ti ritiene attraente sfiorarla la manderà in *fibrillazione*.

Anche qui è vitale nella fase iniziale non lasciarsi indurre a fare la *piovra*, ma procedere a piccoli passi con tocchi leggeri e furtivi, carezze sulle mani o sulla guancia, spostarle i capelli e se ha in *dotazione* un orecchino, usarlo come scusa per sfiorarle il lobo e il collo con dolcezza, ma ritrarsi dopo pochi attimi.

Questa *finta timidezza* avrà il potere di rilassare la *girl,* ma allo stesso tempo aumenterà la sua voglia di *avvicinamento* quando sottrarrai la mano.

Non pensare che la cura del corpo sia dedicata solo alle *girls*, se l'accarezzi con la mano che sembra una *grattugia*, non sarà una bella sensazione, nonostante le tue buone intenzioni. Puoi usare creme senza profumo e non unte; non sarebbe carino se le prendi la mano e ti guizza via. Il capitolo *come scivolare sulla girl* è più avanti. Come capire se stai facendo centro? Te la ritroverai sempre alle costole e ogni scusa sarà buona per *tastare* di cosa sei fatto. *Acconsenti* senza remore e metti tutta la *merce* a *disposizione* per la verifica! Attenzione: se desidera un approccio affettivo e protettore si avvicinerà in modo *soft*, quando comincerà a *palpare* i *muscoli*... allora sarà in fase di riscaldamento avanzato, pronta per il decollo!

Il racconta… storie

Incantala raccontandole delle storie, parlando di te, condividendo delle esperienze, avventure, ideali, emozioni. Evita di elencarle i fatti dai due minuti dopo la tua nascita, scegli solo gli ultimi avvenimenti *strepitosi,* evitando di scoprire le tue carte.

Se ti metti a raccontare delle tue *pratiche* sentimentali del passato sarai *raso al suolo* in pochi attimi. Niente è più odioso per una *girl* del sentire le storie di altre (anche se muore della curiosità e indagherà in tutti i modi per saperlo). In nessuna ipotesi remota pensare di denigrare le *ex girls*, sarebbe un'azione che la *new girl* sognerebbe, ma poi sarebbe *terremotata* dal dubbio se faresti lo stesso con lei. La risorsa migliore: non parlare delle ex neanche sotto tortura e limitarsi a dire che le esperienze della vita ti aiutano a migliorare, ma che non torneresti più indietro perché sei cambiato (non vero, perché a volte le *girls ripassano* anche più attraenti di com'erano prima, e un ex ha sempre il suo fascino e l'esperienza vissuta).

Inserisci nei tuoi racconti delle allusioni leggere e intriganti, non esplicite e se ti racconta qualcosa, *imprimiti* i dettagli o annotali a casa. Stai sicuro che più prima che poi sarai sotto interrogatorio e il minimo errore sarà letale!

La tua voce è una *chiave magica* perché la *girl* si arrenda in fretta (ricordati che ogni progetto ha un tempo limitato, non infinito). Frank Sinatra è stato un esempio lampante: piccolo, bruttino, ma con una voce che *stendeva* le *girls* anche senza vederle!

Purtroppo, madre natura ha lasciato aperta una *finestra temporale* sugli adolescenti, dove la voce può assumere un tono variabile da *mieloso,* ancora da bambino, a quella da *baritono raffreddato* (più simile a un orso delle caverne).

La voce deve saper trasmettere delle emozioni positive, essere riconoscibile, possedere un ritmo e un tono adeguato alle situazioni: urla quando sei allo stadio, sussurrale nell'orecchio e parlale in tono moderato e suadente quando sarai il suo *cerotto.* Accidenti, *documentati* con qualche film!

Quando parli con qualcuno, puoi riuscire a trasportare i suoi sentimenti interni sul tono della tua voce, creando degli stati emotivi che potrai sfruttare a tuo piacimento in un futuro *ravvicinato.*

Il controllo della voce è la parte più impegnativa e ci vuole tempo, ma è anche l'arma più *vibrante* dalla tua parte!

Avvicinamento felpato… verso la camera

Un piccolo gruppo di cellule dentro il cervello, hanno provveduto ad *accatastare* gli stimoli *sessualmente eccitanti* durante la fase di *persuasione* e il solo pensiero di fare il passo successivo ti manda in *tilt* , ti senti come una molla pronta a scattare verso chissà dove. Il punto è proprio quello: *verso dove*?

Mentre una serie di eventi fisici a *cascata*, innesca l'inversione del sangue nelle vene, la pressione scala l'Everest, il battito cardiaco prende un ritmo tutto suo, tu ti chiedi da dove dovrai *cominciare*, senza sapere neppure dove e come finirai.

Quel che peggio è il non sapere cosa pensa la *girl*, la quale non tenterà di darti neppure il minimo indizio, per metterti a conoscenza, se si trova sulla tua stessa barca o sei tu, solo, quello in balia delle onde della frenesia.

Perché le *girls* sono così: anche loro pensano a *combinare* qualcosa di più intraprendente, ma tu non devi saperlo. Mai che ti diano una soddisfazione, soprattutto quelle più combattive e resistenti.

Puoi essere certo che dall'altra parte la *girl* si *aspetta* e *pretende* di trovarsi di fronte al *boy* perfetto, quello che tu hai creato nei suoi sogni.

In questo periodo spero tu abbia *organizzato* la tua camera al meglio e studiato il *piano d'azione* per non avere i tuoi genitori, fratelli, nonni, cugini e amici nel mezzo ai piedi! La strategia di *attacco conclusivo* prevede la vincita di più battaglie: il primo passaggio dovrà essere con qualcuno in casa, tanto per farle esplorare il territorio e acquistare la sua fiducia. Non portarla oltre il salotto!

Le scuse possono essere infinite, mostrarle qualcosa, guardare un film, studiare insieme, anche se argomenti diversi, mostrandogli che desideri stare accanto a lei anche nelle piccole cose.

Approfitta di piccoli attimi per baciarla e farle un complimento, falla sentire a casa sua, comportati da ragazzo d'oro, resistendo agli attacchi di desiderio da corsaro all'arrembaggio.

Questa fase non dovrà durare molto, stai tranquillo! Riconoscere il momento giusto per fare il balzo in avanti dipende da quanto la *girl* vorrà mostrarti di attendere anche lei la tua mossa da *predatore*.

La chiave del successo di questo momento è racchiusa nel farla sentire quanto lei sia più importante di tutto il resto dell'universo e che sei disposto a rinunciare a tutto per lei (non firmare dichiarazioni).

Shock da innamoramento

Di strategie ne hai usate a iosa e molte altre le imparerai con l'esperienza, ma ora tutto questo lavoro ha portato i suoi frutti: la *girl* è *stesa*, *cotta* a puntino per essere *pappata*. Ora è pronta per *capitolare* di fronte alla *Terza Legge di Tim*, rinunciando a combattere, *arrendendosi* all'evidenza della non ragione e lasciandosi trascinare dall'*innamoramento*.

Proprio allora scatta la *scintilla*, si accendono le luci del palcoscenico e tu sei il *protagonista* sulla scena, tutto il resto è lontano, sfumato, non importante. Per la *girl* diventi il Sole attorno al quale lei stabilisce la sua *orbita costante*, senza mollare il pensiero di te MAI, notte e giorno, ovunque tu sia!

Sintomi da *girl innamorata*:

✓*Dispersione della sua concentrazione* con picco in peggioramento dei rendimenti scolastici. Stai certo che incolperà te, quando l'avrai *rispedita* indietro.

✓*Riduzione della fame* con aumento dell'appetito irrazionale, per ingurgitare tutte le leccornie esistenti sul pianeta e oltre. Anche di questo sarà *colpa tua*. Se poi la farai inquietare e gli verrà il mal di stomaco da innamorata sotto stress, cercherà in tutti i modi di sfoderare le sue armi per crearti i sensi di colpa anche per le tue prossime generazioni.

✓*Pensa solo a te e sente il bisogno di sentirti sempre!* La tecnologia non aiuta, perché sarà dotata di smartphone, computer portatile, antenna di localizzazione, sfera di cristallo e tutto quello che le servirà per rintracciarti, sempre e dovunque. Il suo desidero è imprigionarti per tenerti sempre sotto controllo.

✓*Si sente come se camminasse nel cielo.* Il problema è che userà questo meccanismo per sorvegliarti anche dall'alto!

✓*Rinuncia a tutto per te.* Improvvisamente la *girl* abbandona tutte le attività che *non puoi* condividere con lei (e sono rare, perché lei è convinta che non esista attività che non potete avere in comune). Anche questo rientrerà nell'elenco di tutto quello che ha rinunciato per te, mentre tu, secondo lei, non hai fatto niente di niente! Starà nella tua abilità sceglierti sport o altro dove lei non riesca a inseguirti!

✓*Diventa gelosa e possessiva.* Avrà spie dappertutto a seguirti, controllarti e scoprire se le hai detto la verità. Un monitoraggio così neppure la CIA è in grado di organizzarlo!

Se ti innamorassi di lei, sarebbe molto ma molto peggio. Fuggi alle prime avvisaglie di malessere!

Finalmente... il traguardo

La girl ha preso visione del territorio e degli *ostacoli* che può metterti davanti per non farsi *acchiappare.* Tu nel frattempo hai studiato il *piano* nei dettagli, con orari e tempi, intrusi fuori di casa.

Vale sempre la strategia della conquista progressiva: dall'*intreccio* sul divano alla *distesa* in camera.

Abbi cura di non avere lo stress di qualche genitore che rientra dopo poco tempo e anche lei dovrà essere *rassicurata* su questo dettaglio, altrimenti non si potrà *rilassare a modo.*

Dopo aver esplorato i *territori* nascosti in zona neutra, le *sussurrerai* di spostarti in un luogo *molto* più *comodo.* Anche il migliore esploratore non corre il rischio mai tutto insieme, procedi per *tentativi graduali*, con qualche azzardo, dal quale sarai sicuramente respinto per dovere di ruolo, poi ci riprovi e... chi la dura la vince! In questa fase delicata, non devi perdere la pazienza, anzi la migliore chiave per aprire tutte le porte è l'umorismo: mentre ride si distrae!

Lei conosce già la tua camera, perché non avevi mancato di fargliela vedere di sfuggita, ma il suo *computer di bordo,* in quei pochi secondiaveva già captato e memorizzato tutti i dettagli che ora si trova di fronte:

✓ Letto: sicuro che la *girl* ha già preso le misure di quanto è largo e confortevole, colori delle coperte e dei lenzuoli (hai imposto i tuoi cambiamenti?).

✓Libri: cosa leggi e quanti ne hai. Lascia sul comodino qualcosa che sia in sintonia con i suoi interessi e lei non mancherà di notarlo.

✓Immagini in giro per la stanza: elimina tutte le foto che possono fare scaturire tenerezza e sostituiscile con quelle che dimostrano carattere e intraprendenza. Se non le hai preparale con Photoshop.

✓Lampade e luce: la *girl* preferisce l'intimità le prime volte, evita di tenere le finestre spalancate e crea una luce naturale ma molto debole.

✓Musica: guarda caso c'è proprio la vostra canzone a portata di mano!

Ora procedi con l'avanzata irreversibile! La dolcezza sarà la tua arma iniziale, non avere fretta e falle capire che apprezzi di lei ogni piccolo particolare. Le tue esperienze sono limitate? In biblioteca troverai un sacco d'informazioni sui *punti sensibili*. Non fidarti degli amici, anche loro ne sanno come te.

Sarà inevitabile che lei racconti tutto alle amiche, ma tieni presente: con una buona pubblicità e le voci che corrono… raccoglierai nuovi consensi!

Scivolare con coerenza

Non sempre le *girls* sanno cosa vogliono da una *storia*, ma di sicuro sanno quando non lo ottengono! Adesso ti trovi nel centro dell'uragano e di fronte a due finali: te la tieni stretta nel vortice emotivo o ti sfugge di mano, catapultandosi fuori dalla sua orbita per non rientrarci più. Terrificante vero? Tanta fatica sprecata? Eppure, è proprio dopo aver fatto tutta questa strada che, trovandotela a due millimetri di distanza, puoi inciampare in qualche gaffe da tragedia. La parola magica per scardinare le ultime resistenze è: *coerenza.*

Hai indossato il tuo *stile*, adatto alla girl prescelta e anche nell'intimità devi mantenerlo, ora più che mai, perché lei sarà pronta a cogliere le minime sfumature in disaccordo con il tuo comportamento precedente, a meno che non siano giustificate. Ecco come *scivolarle addosso* con coerenza e infine sorprenderla:

☺***Scivolata college*** - Scivola con dolcezza, spogliati lentamente senza fretta e sempre prima tu e mai lei, aspetta i suoi tempi senza forzare, ammorbidendo la situazione con paroline talmente dolci da farle venire la carie. L'avanzata è lenta, ma quando la *girl* si sarà rilassata, la passione si farà avanti, per poi terminare coccolandola a lungo.

☺***Scivolata del genio ribelle*** - Carezze scivolose e sguardo languido con approcci timidi che aspettano l'approvazione della girl per il passo successivo. A lei piacerà fare da maestra e non gli lasciare mai capire se ne sai più di lei (se poi non è così, è un'occasione per imparare).

☺***Scivolata del fosforescente*** - Stupiscila con gli effetti speciali, sii trasgressivo al punto giusto, conquista le posizioni sorridendo, preparale delle sorprese nascoste nel cassetto, usa il tappeto invece del letto, gioca con lei (usa qualche cuscino).

☺***Scivolata del Numero 1*** - La camera è unica, la musica pronta, i tuoi gesti da manuale del perfetto casanova (dovrai documentarti molto prima), falla sentire al centro dell'universo e regalale qualcosa di tuo da tenere sempre con se (non le mutande).

☺***Scivolata del Boss*** - Il Boss scivola sulla girl con padronanza del territorio, non le chiede niente perché alla pupa del Boss va sempre bene tutto quello che lui decide!

☺***Scivolata del bad boy*** - Il *bad boy* non arriva alla camera, si ferma prima: in salotto, sulle scale, nel corridoio, cucina e altro. Dopo passa alla camera.

Momenti intrecciati

Qualcuno ci dovrebbe spiegare come mai il DNA si è preso il disturbo di tramandarci le caratteristiche di millenni e neppure un attimo dedicato a informarci su quello che si *fa* durante le *prime esperienze*.

Le fonti d'informazione possono provenire da:

✓ *Amici più grandi* - Tendono sempre a esagerare le loro *prestazioni* e mai ti metteranno a parte delle loro *cadute*. Non fidarti dei loro racconti.

✓ *Riviste porno* - Lascia perdere, non ti troverai mai fra le mani una con le *stesse misure*! Se poi ti paragoni ai pornodivi, allora sì che è finita davvero. Mantieniti sul *reale*!

✓ *Film e telefilm* - Puoi prendere molti *spunti*, ma non entrano mai nei *dettagli tecnici*, oppure sfociano nella fantascienza e ancora non siamo nell'anno 3100 dove forse potrai beneficiare di altri fattori.

✓ *Libri* - Questo è un bel settore e ti mette a disposizione molte *nozioni*; è importante stare attenti a non entrare troppo nello specifico, sarebbe come voler far *decollare un jet* e ancora non hai imparato a *stare sulla bicicletta*. Reso l'idea?

Allora cosa fare?

Il tuo corpo è ancora un territorio inesplorato

per ambedue, non lasciarti condizionare dalla fretta e metti in pratica *facili* e *scenografici* approcci iniziali:

☺*Carezze* - Su quelle non sbagli mai, le *girls* le adorano e si sentono coccolate, soddisfano la loro voglia di tenerezza e di stare accanto al loro *boy* (più avanti documentati sui massaggi e passale le informazioni perché faccia *pratica* su di te).

☺*Parlare* - La *girl* vuole sentire la voce del suo *boy*, combinata con la sua presenza fisica, il suo profumo, la continuità dei corpi e la condivisione delle emozioni. L'unico problema è che a volte la *girl* non sente quanto *troppo* usi la sua voce per *comunicare*.

☺*Seduzione* - Alle *girls* piace essere seducenti, quando vogliono farti innamorare. Ne provano di tutte, senza sapere che a noi basterebbe *poco*. Falle credere di aver perso la testa per il suo sguardo, il modo di muoversi e parlare, si daranno più da fare.

☺*Punti chiave* - lascia perdere la ricerca del punto G, H, Y e Z, forse neanche lei sa ancora cosa vuole. Insisti su quello che le fa piacere e falle capire cosa interessa a te. Con il tempo imparerai *tutto l'alfabeto*! Non rompere l'incantesimo subito dopo, mettendoti a dormire, almeno non senza un poco di musica (potrai dare la colpa a quella).

Effetti collaterali

Anche le tanto utili vitamine possono causare effetti collaterali, così anche la *girl* li avrà *dopo*!

L'averlo *fatto* o appena *iniziato a fare* gli darà il diritto di *piantare la bandierina*, di *recintare il territorio* con il filo spinato e stabilire le regole del *campo di concentramento*. Perché da quel momento lei si sentirà di essere la *tua girl* e di conseguenza dovrai imparare e memorizzare il manuale del *perfetto boyfriend* (per lei), scritto da *girls* e dove nessuno ha mai chiesto il parere dell'altro sesso.

Eccoti alcune delle *sue* regole principali con motivi e *tue* strategie di fuga:

✓*Contatto continuo* - Telefonate, email, sms, mms, post su Facebook, sempre, comunque e ovunque. La regola della *girl* è: "se tieni a me devi aver voglia di sentirmi spesso e volermi raccontare ogni dettaglio della giornata in diretta, dimostrandomi ogni minuto che sei innamorato di me, soprattutto, io ti posso chiamare quando mi pare". Nella regola sono inclusi i numerosi e stupidi messaggini che, secondo lei, dimostrano qualcosa. *Fuga:* non iniziare a darle la minima abitudine, ti troveresti coinvolto nel vortice delle pretese, scuse, osservazioni sui perché, come e quando. Dille fin dall'inizio che preferisci vederla di persona e al massimo le spedisci un sms la sera prima di andare a letto, poi spegni subito il telefono altrimenti quelle poche parole daranno l'avvio a una conversazione infinita fino a tarda notte. Telefonate ridotte all'essenziale… anche le sue.

✓*Niente relazione segreta* - Tutti dovranno sapere che *state insieme*, conoscere nei dettagli dove andate, quello che dite o fate. La *girl* non sarà soddisfatta se non conquisterà questo punto a suo favore. Vorrà conoscere tutti i tuoi amici, per *spillargli* i tuoi segreti sul passato, presente e futuro. Te la ritroverai infilata nelle tue scarpe e non te la scollerai mai di dosso neppure se devi andare al supermercato. *Fuga:* concedi poco… molto poco e ricordati che non potrai tornare indietro su ciò che le hai lasciato conquistare.

✓*Solo verità… nient'altro che la verità* - La *girl* non sopporta le scuse, anche quelle che lei ritiene tali e non sono comprovate da un controllo incrociato. Lei presume di essere un'esperta dei micro movimenti del viso, per leggerci tutto, come un *profiler* dell' FBI. Ti tenderà sempre continui trabocchetti con domande a sorpresa, anche fatte dai suoi inviati speciali. *Fuga:* in questo settore chi è più bravo vince, racconta sempre bugie basate sulla verità, per ricordarle meglio. Quando ti senti in difficoltà da interrogatorio, baciala a lungo, così non potrà parlare e ripenserà all'accaduto quando te ne sarai andato.

✓*Sacrificarsi e uccidere il drago* - A causa di coloro che in passato hanno scritto troppe fiabe, dove i principi scalano le torri per salvare la fanciulla del loro amore, uccidono le streghe e i draghi, compiendo imprese impossibili, se non farai dei sacrifici per lei non sarai considerato *degno*. Questo include: vedere gli amici troppo spesso, saltare lo sport della domenica, dimenticare i film d'azione o paurosi che lei detesta e molto molto altro. *Fuga*: creati un'attività obbligatoria dove lei non si può inserire neppure con la forza, combina le tue uscite con quelle dei tuoi genitori e dille che ti dispiace ma devi andare con loro. I draghi non ci sono più ma la *girl*, se potesse, ne creerebbe uno apposta per metterti alla prova!

✓*Devi essere un pochino geloso* – anche in questo lei ha già stabilito la misura giusta: se sei poco geloso, non la ami abbastanza; se lo sei troppo, diventi ossessivo e troppo possessivo. Non guardare le altre donne: al di sopra dei cinque anni e al di sotto degli ottanta e mai fare un apprezzamento a qualcuna, anche se la vedi in TV all'altro capo della Terra. *Fuga*: alle osservazioni aggiungi: "Ma sei meglio tu".

✓ *Apprezzamento generale* - Se qualcuno, anche distante centomila chilometri le dirà che non sei il *boy* giusto per lei, questo scatenerà una tempesta di valutazioni e di pretese di cambiamento per compiacere gli altri. *Legge:* tu sei così come hai voluto mostrarle di essere e non sarebbe saggio cambiare, dimostrerebbe incoerenza. Ci saranno suoi tentativi di cambiarti, perché alle *girls* piace questo ruolo di *esperta* nel *miglioramento* del *boy,* con scopo *creazione del marito perfetto*. Tu mantieni la posizione, sii irremovibile.

Intoppo da innamoramento

In tutti i *migliori piani strategici* appaiono degli *imprevisti*, in questo caso, a parte quello delle *precauzioni non prese* (di cui non vi è neppure bisogno di elencare i metodi e l'obbligo dell'uso), esiste una deviazione, all'apparenza insormontabile, dal tuo percorso di conquistatore: *innamorarti davvero* (o credere di esserlo perdutamente senza via di scampo). Consideriamo questo passaggio come un *corto circuito* che necessita una *riparazione immediata* senza indugi.

A un certo punto ti sembrerà di essere *influenzato* e quando vedrai la *tua girl* le budella si attorciglieranno, ti mancherà il fiato e ritornerai allo stadio di *imbranataggine cronica*, dimenticandoti tutte le strategie, mettendo in atto i peggiori comportamenti strategici di chi ha perso le guerre di tutti i tempi.

In tale terrificante caso, avrai solo due opzioni: evitare la *girl* il più possibile, ma sono certo che non resisterai a lungo ai suoi *richiami* da sirena incantatrice, oppure *buttarti* in questa sensazione *piacevole* e *drammatica* allo stesso tempo, dove ti *piacerà soffrire* le pene dell'inferno. Unico consiglio: preparati al *dopo abbandono*, tenendo pronti i *cerotti*, cioè *altre girls* , coltivate nel frattempo per *attutire la caduta*!

© Pietro Giallombardo 2012

Un *kiss a scivolo* a tutte le girls, passate, presenti e future, perché senza di loro l'universo non potrebbe essere lo stesso!

Tim